AF227417

PARIS IMPRENABLE.

Imprimerie de COSSE et G.-LAGUIONIE,
rue Christine n. 2

PARIS IMPRENABLE,

GARANTI

DU BOMBARDEMENT ET DU BLOCUS;

PAR

LE Baron **BLEIN,**

ANCIEN OFFICIER GÉNÉRAL DU GÉNIE.

Prix : 1 f. 50 c., au bénéfice des Inondés.

PARIS,

IMPRIMERIE ET LIBRAIRIE MILITAIRE DE G.-LAGUIONIE,

(MAISON ANSELIN)

rue et passage Dauphine, n° 36.

DÉCEMBRE 1840

PARIS IMPRENABLE,

GARANTI

DU BOMBARDEMENT ET DU BLOCUS.

Condamné, à la funeste époque de 1816, et à peine âgé de quarante-huit ans, à une oisive retraite, j'ai laissé de côté alors toutes les questions militaires sur lesquelles je n'étais plus appelé à donner mon avis.

Lorsque, après l'heureuse révolution de 1830, la question de la défense de Paris, soit par une enceinte continue, soit par des forts détachés, vint agiter les esprits, je m'étais préparé à écrire en faveur de ce dernier système, soutenu par le général Rogniat et la majorité du comité des fortifications, contre l'opinion des généraux Haxo et Valazé, pourvu toutefois que ces forts fussent placés d'une manière convenable, à la fois, à la plus parfaite défense, et à la susceptibilité des citoyens vivement alarmés de l'usage qui pouvait en être fait contre eux.

Les clameurs publiques s'étant élevées avec assez de violence contre ce système, et ayant obligé le gouvernement à ajourner l'exécution de ce projet, je m'abstins de publier mon opinion.

A présent que de graves circonstances ont amené les esprits à reconnaître la nécessité de pourvoir à la défense de Paris, et affaibli les craintes exagérées d'un embastillement, d'autant moins fondées, à la vérité, que c'est à la bravoure et au patriotisme de la garde nationale qu'elle doit être confiée ; à présent, dis-je, que le gouvernement reprend son projet, dont les bases ont été discutées et arrêtées dans le silence du cabinet, et qui se compose, non-seulement d'une ceinture de forts détachés, mais encore d'une enceinte bastionnée, immédiate, enveloppant le mur actuel, et comportant un développement de 94 fronts de fortification, j'ai cru de mon devoir, comme citoyen et comme ingénieur militaire, d'examiner ce système, d'en faire ressortir les vices, soit en insuffisance, soit en superfétation, et soit même, par occasion, sous le point de vue de la confiance avec laquelle les citoyens peuvent l'admettre : enfin, de présenter un projet véritablement basé sur tous les principes qui se rattachent essentiellement à la défense d'une capitale telle que Paris.

Trois questions se présentent ici : Celle de l'utilité, ou nécessité d'une enceinte continue, bastionnée ; celle d'empêcher que Paris ne soit brûlé ; celle d'empêcher que Paris ne soit bloqué et affamé. Je vais les examiner successivement.

1re *Question*. Une enceinte continue, bastionnée, immédiate, sur Paris, est-elle nécessaire? Je répondrai hardiment : *Non!*

Sous ce rapport, le projet du gouvernement présente une superfétation, une dépense énorme, qui peut être employée ailleurs d'une manière bien plus essentielle.

En effet, le mur actuel, crénelé, élevé jusqu'à 9 mètres de hauteur, terrassé en dedans de 1 mètre 50 cent., pour former banquette, flanqué, sur les issues et autres points convenables, par des ouvrages de campagne, fraisés et palissadés au fond des fossés, à exécuter seulement lors de l'imminence du danger, c'est tout ce qu'il faut pour mettre Paris à l'abri d'insulte et de surprise, comme réduit d'une ceinture de forts qui doivent le garantir de l'incendie, pendant les quarante à cinquante jours que l'ennemi devra employer pour faire le siége simultané de deux au moins d'entre eux ; réduit qui lui donnera la faculté de discuter les termes d'une capitulation, si pendant ce temps-là une armée de secours n'arrive pas pour le sauver.

On ne peut se dissimuler que l'ennemi une fois à portée de brûler Paris, Paris se rendra, et l'ennemi n'aura pas de siége à faire. Toute la population s'insurgerait à cette seule menace, même contre ses défenseurs, pris dans son propre sein, et ayant la fermeté de vouloir s'y défendre encore. Mais eux-mêmes,

propriétaires, négociants, voudront-ils courir le ris-
que de perdre toute leur fortune?

Vienne, la capitale de l'Autriche, avec ses faubourgs retranchés et son excellent réduit bastionné
intérieur, armé en 1809, ne nous a résisté que trois
jours !

Il y a lieu de s'étonner que des hommes d'un aussi
grand mérite que Haxo et Valazé, n'aient pas reconnu
la puissance d'une telle considération.

Toutefois, si l'on se décidait à agrandir successivement l'enceinte actuelle du mur d'octroi, il serait
prudent de lui donner une épaisseur et une hauteur
telles qu'elles sont indiquées pour former la clôture
de bons postes militaires, et le tracé devrait en être
bastionné.

Vauban avait signalé ce danger de l'incendie; et
c'est pour y obvier qu'il avait proposé, en outre de la
défense de l'enceinte de son temps, les boulevards
intérieurs, d'occuper les hauteurs de Bercy, le Petit-
Charonne, Belleville, la Villette, la Chapelle, les Batignolles, Passy, etc., qui en sont éloignés d'environ
4,000 mètres.

Le général Valazé, dans son *Mémoire*, n'a parlé que
de 80 fronts pour l'enceinte continue de Paris; mais il
les porte à 370 mètres au lieu de 352, leur dimension
ordinaire; et puis les constructions ajoutées aux faubourgs extérieurs qu'il convient d'y enfermer, obli-

gent d'augmenter considérablement ce développement.

2° *Question.* La ligne des forts détachés du projet de 1833, au nombre de 17, y compris Vincennes et le mont Valérien, comportant ensemble un développement de 85 fronts de fortification, est-elle placée à une distance suffisante du mur d'enceinte, pour empêcher le bombardement et l'incendie, si dangereux? Je réponds encore : *Non !* sur beaucoup de points.

Si l'on fait de Saint-Denis une place, et si l'on adopte le camp retranché de Saint-Denis à Nogent, de la basse Seine à la Marne, en ouvrages permanents, plus le fort d'Orléans, porté à 1,000 mètres plus avant, toute cette ligne du nord couvrira bien Paris et suffira contre le bombardement et l'incendie. De plus, ces ouvrages ne pourront porter ombrage à la population parisienne; les plus rapprochés, sur les bords du canal, sont ouverts par leur gorge, et les autres sont à 4,000 mètres et plus de l'enceinte; d'ailleurs, il n'y aurait point de parapets sur les fronts des forts qui regarderaient Paris, et puis on pourrait les faire sauter en les abandonnant.

Mais, au sud, entre la haute et la basse Seine, l'ennemi pourrait s'établir sur les plateaux d'Ivry, Bicètre, la Croix-d'Arcueil et Vanvres, à environ 1,000 mètres de la ligne des forts, et à 5,000 au plus du centre de Paris. Il y établirait des batteries d'obusiers et de fu-

1*

sées incendiaires qui portent à 3,500 mètres, des canons de 24 envoyant des obus à 45° à 4,500 mètres de distance, et toute une moitié de Paris serait brûlée (1).

Il faudrait donc que la ceinture des forts fût portée au moins jusques à Port-à-l'Anglais, Villejuif, Bagneux, allant se fermer sur la basse Seine, au bas Meudon, à 7,000 mètres du centre de Paris et à 4,000 de son mur d'enceinte : ce développement exigerait un ou deux forts de plus. On remarquera encore qu'à cette distance, ces forts ne peuvent plus donner d'inquiétude aux Parisiens, et ne peuvent, étant pris, être utilisés par l'ennemi pour le bombardement.

Toutefois, si ce système devient suffisant contre l'incendie, il ne le sera pas relativement à la question qui suit.

3e *Question*. La ligne des forts détachés, ainsi améliorée, est-elle susceptible d'empêcher l'investissement et le blocus de Paris? Je réponds encore et avec assurance : *Non!*

En effet, on doit supposer que Paris sera abandonné à lui-même, après une invasion et la perte de plusieurs batailles, qui obligeront les débris de nos armées à se retirer derrière la Loire, pour s'y réorganiser, y recevoir des renforts, et reprendre ensuite l'offensive en marchant sur la ligne d'opérations de

____

(1) Le projet de 1833 a été toutefois amendé, et plusieurs des forts de la rive gauche de la Seine sont portés à 4,000 mètres de l'enceinte.

l'ennemi. S'il restait une armée de troupes de ligne, pouvant pivoter sur Paris, l'ennemi n'oserait s'approcher de la capitale avant de l'avoir détruite, ou forcée à passer la Loire.

On peut admettre qu'occupé à faire le siége simultané de 2 forts contigus au moins, avec l'appui desquels seulement l'ennemi pourra entreprendre de forcer la dernière enceinte, il aura donné un temps suffisant à la défense pour la construction d'ouvrages qui retarderont encore ses approches de dix à quinze jours, lesquels, ajoutés aux quarante-cinq jours des siéges des forts où toutes les ressources de l'art auront été prodiguées, formeront en total deux mois de défense pour Paris.

Mais, avec un système circonscrit de forts détachés, même sur un rayon de 7,000 mètres du centre de Paris, l'ennemi pourra établir sa circonvallation à 8,000 mètres au plus, et n'ayant besoin que d'un corps de troupes légères pour la ligne du sud, rive gauche, il pourra bloquer cet ensemble, d'un développement de 50,000 mètres, avec 100,000 hommes, en comptant 2,000 hommes pour 1,000 mètres, ce qui sera bien suffisant contre une garnison peu propre, dans le commencement surtout, à tenter des sorties.

Or, Paris et sa banlieue, c'est-à-dire une population d'un million d'âmes, accrue peut-être de plus d'un quart par l'affluence des populations adjacentes qui viendront y chercher un refuge, et que l'on ne pourra se dispenser d'y admettre ; Paris, dis-je, ainsi bloqué, combien de temps pourra-t-il tenir ? Celui seulement qu'il mettra à consommer ses approvisionnements en céréales.

On sait que, dans les circonstances ordinaires et paisibles, Paris n'est approvisionné que pour huit jours ; avec une exubérance de population d'un quart en sus, il ne le serait que pour six jours. Un approvisionnement de quarante-cinq à soixante jours, durée de la défense probable, est une chose si nécessaire, si indispensable, qu'il faudra bien que l'administration y pourvoie, quelques pénibles efforts qu'elle ait à faire pour y parvenir. Si la chose était reconnue impraticable, il faudrait renoncer à fortifier Paris ; car si on ne pouvait l'approvisionner que pour quinze à dix-huit jours, à quoi bon un système de défense qui irait au delà de ce terme ?

Ces considérations me conduisent à cette dernière et 4e *question* : Peut-on établir autour de Paris un système de défense qui en rende l'investissement impossible ? A cela je réponds : *Oui !* et dis que cela est praticable avec une dépense beaucoup moindre que celle du système adopté.

En effet, au lieu des seize ou dix-huit forts projetés, dont je ne conserverais que celui d'Orléans, porté à mille mètres en avant, au delà du camp retranché de Saint-Denis à Nogent, construit en ouvrages permanents, position formidable protégée par les canaux, dont Vincennes et Montmartre seraient les réduits, et produisant un développement de 44 fronts, ci   44 fr.

J'établirais 1° vers l'ouest ma ligne de défense sur le cours de la Seine, de Saint-Denis à Saint-Germain, dont je ferais une grande place, son point d'appui. J'aurais alors à protéger Épinay, par une enceinte bastionnée, ou deux fortes redoutes, évaluées à. 3

Sur le mamelon d'Orgoment, une forte redoute, évaluée à 2

Une enceinte sur Argenteuil, ou trois fortes redoutes. 6

Tête de pont sur Besons. 3

Tête de pont sur Chatou. 3

Saint-Germain, dont le château ferait un bon réduit. 12

Cette ligne me semble inattaquable, puisque l'ennemi aurait deux passages de la Seine à faire avant de pénétrer sur Paris. Il ne pourrait que tenter un mouvement à l'ouest, par Poissy, et s'exposerait à être pris en flanc et coupé de sa ligne d'opération.

2° A l'est, j'occuperais la presqu'île de Champigny par une forte redoute au centre de sa gorge, évaluée à. 2

Le plateau au nord de Chenevières, par un fort pentagonal, ci 5

A REPORTER.   80

$$\text{Report, fronts.} \quad 80$$

Celui au sud de Noiseau, de même. . . 5

Celui en avant de Boissy-Saint-Léger, de même. 5

Celui de Limeil, de même. 5

Celui de Villeneuve-Saint-Georges, de même; plus une tête de pont sur l'Yères. 7

Je ferais une tête de pont à Ablon, pour défendre la route qui y aboutit, ci. 2

On y établirait, ou à Conflans, un barrage sur la Seine, pour éviter une surprise comme celle de Cyrus sur Babylone (objet recommandé par Vauban).

Plateau de Fromenteau, une place de dépôt, point d'appui de cette ligne, de. 8

Plateau du Chazaintru , un fort de. 5

Tête de pont sur Longjumeau 3

Si l'ennemi opère sur cette ligne, entre la Marne et la Seine, il aura encore un passage de cette dernière à faire.

Total. . . . . . . 120 fr.

Voilà donc Paris entouré du nord-ouest à l'est, et au sud par une ceinture de places et forts qui forment un développement de cent vingt fronts, ayant pour points d'appui Saint-Germain, Saint-Denis , Vincennes et la place proposée à Fromenteau. Un camp

REPORT, fronts. 120

pour une réserve de 15,000 hommes serait établi à Chevilly ; un autre entre Vélizy et la Cour-Roland, sur la route de Choisy à Versailles.

Penserait-on que cette défense ne suffirait pas, et que l'ennemi passerait la Seine pour venir sur Palaiseau, s'exposant si gravement par une telle marche à être encore coupé de sa ligne d'opérations ?

Alors j'établirais des forts pentagonaux sur la butte de Champlan, ci 5

A l'ouest de Palaiseau. 5

Sur le plateau de la Martinière 5

Sur celui de Saint-Aubin. 5

A la ferme de la Grange. 5

Enfin à Voisins le Bretonneux (1). 5

Penserait-on encore qu'il fallût fermer l'espace entre Voisins et Saint-Germain, contre les opérations de l'ennemi sur la basse Seine ?

J'établirais encore des forts pentagonaux au sud-ouest de Saint-Cyr. 5

Sur la porte du milieu du parc de Versailles 5

A REPORTER 160

(1) La profondeur de la vallée de l'Ivette, et les grands escarpements qu'elle présente au nord, rendent la position de Voisins à Longjumeau de l'abord le plus difficile, tellement que de simples ouvrages de campagne, élevés au moment du danger, doivent suffire pour la mettre à l'abri de toute atteinte.

REPORT, fronts. 160

Et sur celui entre Rocquencourt et Lucien-
nes (1). 5

____

Total général . . . . . 165 fr.

Le développement total de cette nouvelle ligne de
défense, en y ajoutant celle de Saint-Denis à Nogent,
est de 104,000 mètres, ou vingt-six lieues, et il faudrait, pour son investissement complet, une ligne de
circonvallation de 110,000 mètres, exigeant, dans les
proportions indiquées dans la troisième question,
220,000 hommes de troupes.

L'ennemi arrivant devant Paris à la suite d'une
campagne dans laquelle il aura dû livrer et gagner au
moins deux grandes batailles, perdre par conséquent
environ le tiers de ses forces; obligé d'en laisser un
autre tiers, pour la protection de sa ligne d'opérations et ses corps d'observation, pourra-t-il jamais
disposer de 220,000 hommes pour former cet investissement ? Je ne le crois pas possible, parce que les
troupes avec lesquelles il aura opéré au nord et à l'est
jusqu'à la frontière de la Suisse, se composant, comme
on peut le supposer, ainsi qu'il suit : (Mémoire du
général Grimoard.)

____

(1) La conservation du précieux dépôt de Versailles peut suffire
pour déterminer à fortifier ces trois points, par lesquels l'attaque
de l'ennemi est certainement la moins probable.

Prussiens, Hollandais. . . . . . . 250,000 h.
Russes. 170,000
Bavarois et Confédération. 80,000
Autrichiens 100,000
——————
600,000 h.

Ne forment qu'un total fort exagéré, plus difficile à manier qu'à réaliser, et qu'il est raisonnable de réduire à 450,000 hommes, qui donnent, pour le tiers disponible devant Paris, seulement 150,000 hommes,

On sait que l'Empereur n'a eu que 400,000 hommes dans sa campagne de 1812, et qu'il n'avait guère que 130,000 hommes devant Moskow (1).

L'ennemi devra donc se borner à l'investissement de la ceinture du nord au sud, par l'est, de la basse à la haute Seine, et Paris, libre sur tout le reste du développement, conservera ses communications à l'ouest et au sud ; il continuera d'être alimenté par les départements qui composent la Normandie et la Beauce. Dès lors plus d'inquiétudes ni de difficultés pour son approvisionnement ; augmentation pour sa défense du concours des gardes nationales de Seine-et-Oise, Seine-Inférieure, Eure, Eure-et-Loir, Loiret, etc.; conservation du précieux dépôt de Versailles ; diminution dans la consommation des subsistances, par l'envoi vers l'ouest et le sud des populations réfu-

(1) Je n'ai pas un souvenir positif sur ce dernier chiffre.

giées : tels sont les avantages immenses qui résultent de ce système.

On a fait une objection contre le système des forts : *La trahison peut en livrer un, et alors tout est perdu !* Mais *la trahison peut aussi livrer une porte de l'enceinte*, et tout est également perdu. Si de telles trahisons étaient possibles, que pourrait-on y faire?

Le général Valazé a dit qu'une ceinture de forts ne serait qu'une position retranchée pour y recevoir la bataille : tel n'est point son rôle. Si ces forts sont convenablement placés et rapprochés, ils obligeront l'ennemi, indispensablement, à faire le siége, au moins, de deux forts voisins. Des ouvrages de campagne, élevés dans leurs intervalles, ajouteront à cette nécessité.

Il ajoute qu'il faudrait 400,000 hommes pour la défense des dix-sept à dix-neuf forts projetés, d'un développement de 54,000 mètres, ce qui ferait 7,500 hommes pour 1,000 mètres, et produirait pour la ceinture de 104,000 mètres que je propose, 770,000 hommes. Mais une garnison de 200 hommes par front est suffisante pour ces forts, qui n'auront jamais qu'un ou deux fronts directement attaquables par l'ennemi; pour 165 fronts, cela ne s'élève qu'à 330,000 hommes. Mais l'ennemi ne pouvant se hasarder sur la rive droite de la Seine, il ne faut compter, comme garnisons nécessaires, que celle des forts de la rive gauche, qui, pour 120 fronts dont ils se composent, n'exigeront que 240,000 hommes. Lorsque l'attaque de l'ennemi sera décidée, on pourvoira les forts assiégés de 500 hommes par front, qui chaque jour seront renouvelés.

Les gardes nationales sédentaires et mobilisées des départements de la Seine, Seine-et-Oise, Seine-et-Marne, Seine-Inférieure, Eure, Eure-et-Loir et Loiret, dont la population s'élève à 3,600,000 âmes, et contient 720,000 hommes de vingt à quarante-cinq ans en état de porter les armes, en ne comptant pas ceux de dix-huit et dix-neuf ans, sera, comme on voit, plus que suffisante pour fournir ces garnisons. Dans un tel nombre de gardes nationales, on trouvera facilement à former une réserve de 30,000 hommes capable d'agir contre l'ennemi, s'il tentait une trouée entre les forts; et cette réserve, comme je l'ai déjà indiqué, serait placée sur la ligne de Choisy à Versailles, à portée de se diriger, en trois heures, sur le point menacé, et d'attaquer même quelqu'une des positions les plus compromettantes de l'ennemi.

Pourrait-on craindre, avec de tels moyens, que l'ennemi tentât une trouée pour s'emparer d'un des faubourgs hors barrières? Il ne pourrait pas y tenir douze heures, attaqué sur ses deux flancs par les réserves intérieures.

Il ne me reste plus qu'à examiner la dépense résultant de ma ceinture de forts, comparée avec celle du projet arrêté par le gouvernement.

J'aurai cent vingt fronts de fortifications pour les forts de la rive droite, y compris les quarante-quatre de la ligne nord, que j'adopte, estimés d'après le général Valazé 500,000 francs chacun, ci. . 60,000,000 fr.

Plus pour construction des magasins à poudre et de comestibles. 22,000,000

Total. . . 82,000,000

Mais il y aurait une réduction considérable à faire, savoir : 1° sur les indemnités de terrains, à réduire de 8,435,000 francs à 3,435,000 fr., ci. . 5,000,000

2° Sur les défenses, par le système de mines, qui ne seront applicables qu'à deux de ces fronts, par chaque fort, directement attaquables par l'ennemi, à raison de 100,000 fr. pour soixante-dix fronts, ce sera 7,000,000

12,009,000

La dépense sera donc réduite à. . 70,000,000

Or, le dernier projet du gouvernement paraît se composer, 1° de vingt-deux forts détachés, plus la place de Saint-Denis, comportant un ensemble de cent dix fronts, à 500,000 l'un, ci. . . . 55,000,000 fr.

2° De quatre-vingt-quatorze fronts de

A REPORTER. 55,000,000

Report. 55,000,000

l'enceinte continue et bastionnée de
Paris, évaluée de même, ci. 47,000,000

3° De la construction des magasins
à poudre et de comestibles, évalués à   38,000,000

Total. 140,000,000

Mon projet présente donc une différence de moitié ou de 70 millions, dans le premier cas des cent vingt fronts.

Si l'on suppose nécessaire d'adopter le système complet comportant cent soixante-cinq fronts, la dépense s'élevant à 93 millions, l'économie serait encore de 47 millions.

RÉSUMÉ.

Par mon projet, 1° Paris est garanti contre l'incendie et l'investissement complet.

2° Les forts portés à 4,000 mètres du mur de clôture, ne peuvent plus inquiéter sa population ni servir à l'ennemi, même comme points d'appui, quand il en aura pris deux ;

3° Plus d'inquiétudes ni d'embarras pour l'approvisionnement de la capitale ;

4° La dépense est moindre de 70 millions, ou de 43 millions dans le cas le plus défavorable ;

5° La défense peut être prolongée par toutes les ressources de l'art, et par des retranchements en arrière des forts assiégés, jusqu'au terme de deux mois ;

6° Six départements ayant plus de 720,000 hommes en état de porter les armes, peuvent y concourir ;

7° Le précieux dépôt de Versailles est à couvert.

Pourrait-on balancer entre ce projet et celui du gouvernement qui, s'il empêche l'incendie, ne peut empêcher le blocus complet, et imposera la nécessité d'un immense approvisionnement !

Pourrait-on hésiter entre un système si simple, si fort, si rassurant, et celui que j'ai démontré si faible et si insuffisant ?

Paris, ce 16 décembre 1840.

Le Baron BLEIN,

Ancien officier général du génie.

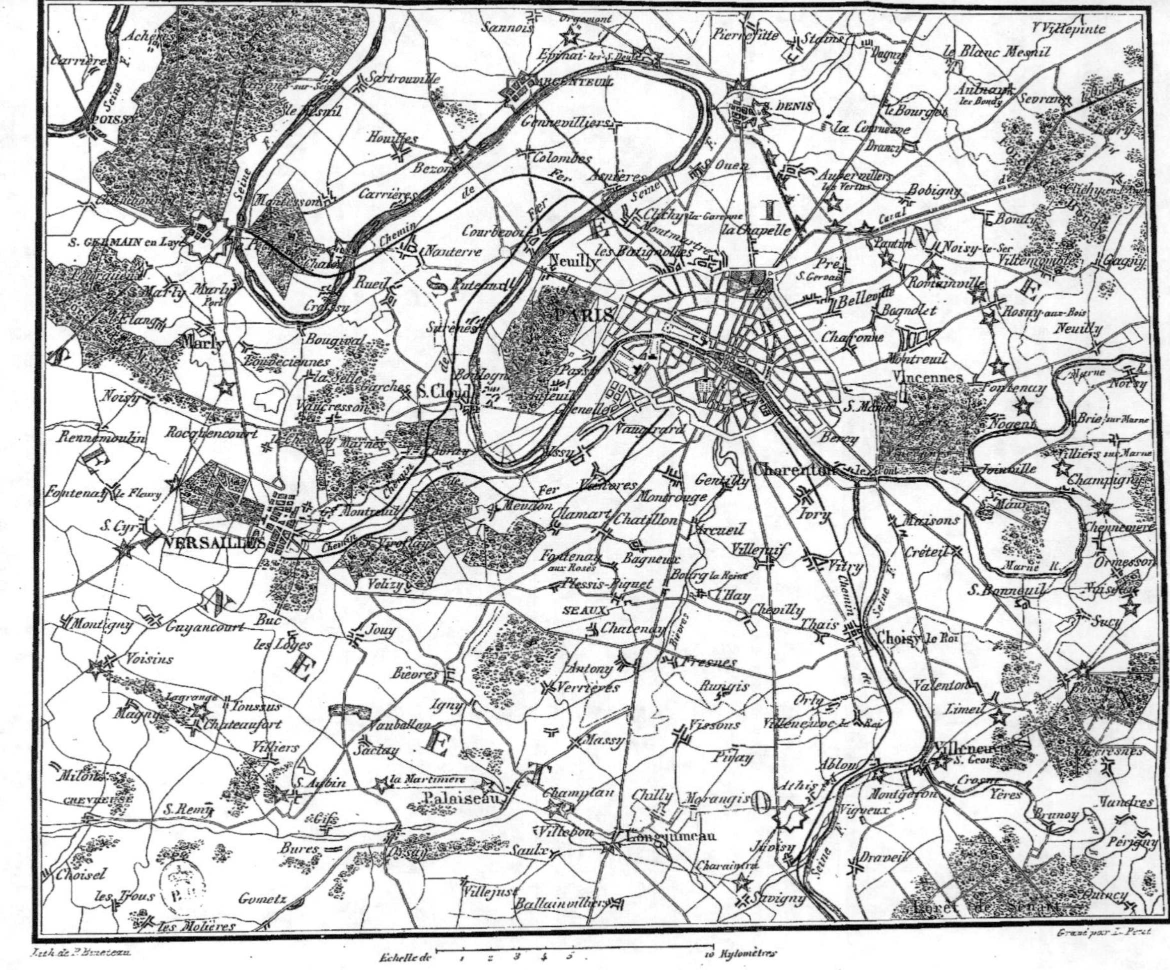

PARIS
VERSAILLES
S. DENIS
ARGENTEUIL
S. GERMAIN en Laye
Charenton
Vincennes
Choisy le Roi
Palaiseau
SEAUX
Marly
Neuilly
la Chapelle
les Batignolles
Montmartre
Clichy la Garenne
S. Ouen
Gennevilliers
Colombes
Bezons
Carrières
Houilles
Sartrouville
Poissy
Achères
Carrière
Chatou
Nanterre
Courbevoie
Puteaux
Suresnes
Rueil
Croissy
Bougival
Louveciennes
Garches
Vaucresson
S. Cloud
Boulogne
Passy
Auteuil
Grenelle
Vaugirard
Issy
Vanves
Montrouge
Gentilly
Meudon
Clamart
Chatillon
Arcueil
Villejuif
Ivry
Vitry
Bercy
S. Mandé
Bagnolet
Charonne
Belleville
Pré S. Gervais
Pantin
Aubervilliers les Vertus
Bobigny
Bondy
Drancy
le Bourget
la Courneuve
Aubervilliers les Bonds
Sevran
Villepinte
le Blanc Mesnil
Dugny
Pierrefitte
Stains
Orgemont
Sannois
Epinai les S. Denis
Montreuil
Fontenay
Nogent
Joinville
Champigny
Villiers sur Marne
Brie sur Marne
Chennevière
Ormesson
Noiseau
Sucy
Créteil
Maisons
Thais
Chevilly
l'Hay
Bourg la Reine
Bagneux
Fontenay aux Roses
Plessis-Piquet
Chatenay
Antony
Verrières
Fresnes
Rungis
Orly
Villeneuve le Roi
Valenton
Limeil
Villeneuve S. Georges
Crosne
Yères
Draveil
Savigny
Juvisy
Ablon
Athis
Morangis
Chilly
Champlan
Vigneux
Montgeron
Brunoy
Mandres
Périgny
Quincy
Forêt de Sénart
Longjumeau
Villebon
Saulx
Ballainvilliers
Villejust
Gometz
Bures
Orsay
les Molières
les Trous
Choisel
S. Remy
Gif
S. Aubin
la Martinière
Saclay
Vauhallan
Igny
Bièvres
Jouy
Buc
les Loges
Guyancourt
Voisins
Montigny
Villiers
Chateaufort
Magny
Lagrange
Toussus
Milon
CHEVREUSE
Rennemoulin
Rocquencourt
Fontenay le Fleury
S. Cyr
Velizy
Viroflay
Gd Montreuil
Marnes
Noisy
Flagny
Louvenciennes
la Celle
Marly Parc
Bougimont
Gagny
Rosny aux Bois
Romainville
Noisy le Sec
Villemomble
Bezy
Seine
Marne
Ourcq
Canal
Fer
Chemin de Fer
Echelle de   1   2   3   4   5   10 Kilomètres
Lith. de P. Bineteau.
Gravé par L. Petit.